DU CONSEIL
SOUVERAIN
DE LA MARTINIQUE.

La Martinique fut occupée par les Français vers l'an 1635 (Duplessis et L'Olive y abordèrent les premiers). Le Conseil souverain fut créé en 1645, année très - voisine de l'époque à laquelle la Colonie cessa d'être administrée au compte d'une compagnie d'actionnaires et de commerçans ; ce Conseil fut confirmé en 1675. Louis XIV voulut faire sentir aux Colons qu'il cessait de les considérer comme un ramas d'aventuriers dont il avait laissé d'abord la direction à quelques négocians-armateurs qui hasardaient leurs fonds dans les entreprises de ces corsaires connus sous le nom de Flibustiers, qui s'accoutumèrent insensiblement à labourer la terre et à *torquer le tabac*, au moyen des économies que leur avaient procuré leurs courses sur mer, et des avances que ces négocians leur faisaient ; ils leur en tinrent un compte exact, et payèrent fidèlement les intérêts. Tels furent les premiers rapports de la Métropole avec ses Colonies : ils étaient fondés sur des spéculations de commerce et sur la bonne foi. A mesure que ces rapports s'étendirent et prenaient de la consistance, les Colons durent acquérir et mériter un plus grand crédit, lequel, venant à se consolider, fixa les vues de la Cour qui sentit que le moment était venu de reconnaître et de s'attacher ces nouveaux sujets.

Tels furent la raison et le motif d'un Conseil supérieur ou d'une Cour souveraine, pour que la justice fût rendue au nom du Roi, de même qu'il en fut établi en Lorraine et en Alsace, et dans tous les pays de nouvelle conquête. Cette Cour de judicature n'était donc autre chose qu'une jurisdiction supérieure pour prononcer en dernier ressort sur les intérêts des particuliers ; mais elle n'avait aucun des priviléges de ces anciens parlemens qui, prenant leurs racines dans les fondemens de la monarchie, étaient devenus, par leurs lumières, des médiateurs presque avoués entre le peuple, la noblesse et le trône ; mais il n'y avait dans ces nouvelles Colonies ni peuple, ni noblesse, ni trône. Les habitans de la Martinique n'étaient qu'une peuplade sans droits et sans priviléges ; S. M. le Roi de France ne leur devait à l'intérieur autre

chose que des ministres de religion et de justice, pour les tranquilliser sur leurs intérêts
réciproques et sur leur conscience ; à l'exté-
rieur il garantissait leur sûreté et leur donnait
la protection de ses armes.

Tout Créole qui venait au monde dans les
Antilles, était censé et considéré comme né
et baptisé à l'église métropolitaine de Notre-
Dame de Paris, ses droits civils et politiques
étaient là ; le code de lois auquel ils étaient
soumis et qu'ils devaient suivre, était la cou-
tume de cette province : on y ajouta le *code
noir* pour régir les esclaves de la côte d'A-
frique, qu'ils se procuraient successivement
à mesure qu'ils s'enrichissaient et qu'ils com-
mençaient à cultiver le sucre et le café. De
colons guerriers, actifs et laborieux qu'ils
furent dans le principe et pendant une tren-
taine d'années, la fortune changeant leurs
mœurs, ils prirent les habitudes faciles, l'at-
titude et le ton d'une oisive et dangereuse
opulence ; des cultivateurs simples et esti-
mables furent tout-à-coup transformés en
maîtres orgueilleux et tyranniques. De là
vint le préjugé fatal qu'un Blanc ne devait et
ne pouvait, sans déshonneur, faire œuvre de
ses mains ; de là encore le préjugé qu'il est
matériellement impossible qu'un Blanc puisse

travailler la terre sous le climat dangereux des tropiques. (Il n'est pas plus dangereux pour les Blancs que pour les Noirs , cela sera prouvé.) La tâche dès-lors humiliante de labourer la terre fut imposée exclusivement aux Nègres; aux Mulâtres et aux petits Blancs engagés fut dévolu le privilège de les tailler à coups de fouet , et de présider à leurs travaux. Les tranquilles et heureux possesseurs d'habitation commencèrent à ne voir dans leur condition que le *far niente* , ou le plaisir de ne rien faire. Cette molle apathie n'était compensée que par la peine de se balancer tout le jour dans un hamac (ils appellent cela se câliner); ils passaient alternativement des bras de Vénus de toutes couleurs dans ceux du sommeil , du sommeil à la table , et de la table à l'anéantissement le plus parfait de toutes leurs facultés ; à moins qu'un jeu de hasard ruineux auquel ils s'abandonnaient ne les réveillât, la révolte ou le poison auxquels le désespoir livre trop souvent leurs noirs Ilotes ne vinssent troubler une vie si douce. , ces modernes Sybarites se changeaient subitement alors en tyrans cruels et terribles dans leurs fureurs.

Il faut cependant remarquer que l'éducation que les Créoles ont puisée en France, aux

Etats-Unis d'Amérique et en Angleterre, et les familles respectables auxquelles ils se sont alliés, ont prodigieusement influé sur leur caractère, et n'ont pu leur inspirer que des sentimens d'honneur et d'humanité, dont la plupart sont actuellement remplis.

Voilà toutefois comme de la vertu au vice il n'y a qu'un pas, et telle fut dans tous les tems la marche, plus ou moins rapide, de toute civilisation dont une honnête médiocrité, une bonne morale et le travail favorisent toujours les premiers progrès, dont le luxe et la richesse, et surtout l'oisiveté, produisent l'accroissement trop hâtif, engendrent bientôt la corruption et entraînent la ruine et la destruction définitive.

Les Colonies, comme toute autre société, sont donc nées avec le germe qui doit les détruire ; mais ce germe dans les Antilles a des développemens bien plus prompts et plus rapides.

Cependant le Conseil supérieur ne fut presque constamment appelé que Conseil souverain ; l'amour-propre se plut à confondre ces deux dénominations qui paraissaient n'être dans le principe qu'une synonymie, mais qui par la suite acquirent une distinction et une différence d'autant plus marquée, que l'une renferme des droits et des privilèges oligarchiques qui ne pouvant entrer dans la définition de l'autre, font préférer la première.

C'est ainsi qu'à la faveur d'un mot et d'un sens amphibologique, s'accréditent et s'enracinent les abus les plus graves, d'où résultent les plus funestes conséquences.

Une Colonie de 240 Magnats avec 50 millions de revenu qu'ils partagent à deux mille lieues d'une Métropole, possédant dans son intériéur ce qu'ils appellent et ce qu'ils entendent par *Conseil souverain,* est bien près de se croire elle-même *souveraine,* et elle l'est de fait, à la manière de ces républiques de patriciens oligarches qui le sont de droit ; cette Colonie doit être bien tentée de voir et de considérer dans cette compagnie composée de 12 membres dispensés de s'instruire (1),

---

(1) Le jeune Conseiller D......, fils du célèbre rédacteur des Annales du Conseil souverain de la Martinique, en sa qualité de magistrat, interrompit un jour le plaidoyer d'un avocat qui parlait sur l'homologation d'un testament, pour lui demander *si le testateur était mort ?*

En séance, le président du Conseil souverain demandait au jeune D..... Fr....., substitut du procureur du Roi, âgé de 23 ans, de lire le dispositif du jugement dont était appel ; l'organe *assez neuf* du ministère public demanda naïvement ce que c'était que le dispositif d'un jugement.

et qui se croiraient déshonorés de recevoir un salaire ou des honoraires du Gouvernement, de voir, dis-je, *un certain Conseil* dans lequel réside *une certaine souveraineté*, dont il est le palladium avec des prérogatives toujours croissantes, tellement chatouilleuses et superbes que sinon le Roi lui-même, du moins ses représentans, ont tout à redouter s'ils les blessent ou s'ils les offensent; c'est un crime de lèze-Tropique que de soutenir les intérêts d'un Roi d'Europe avec trop de chaleur, et un défaut de tact diplomatique de ne pas sentir qu'au lieu de commander là, il faut au contraire louvoyer avec adresse, employer les moyens des plus habiles négociateurs, et tels que si l'on avait à traiter avec le souverain le plus éveillé et le plus défiant sur les ouvertures qu'on va lui faire, ou sur l'étiquette des convenances qu'il exige.

C'est pour avoir manqué de tact sur ce point délicat, que la plupart des gouverneurs ou des intendans qui l'ont méconnu, ou qui ont regardé comme au-dessous de leur dignité d'y avoir égard, que ces représentans du Roi, dis-je, ont souvent échoué devant ce *Consistoire colonial.*

C'était donc une faute politique (et on ne s'en serait pas douté) d'omettre de lui rendre cet hommage.

De là tous ces *Gaoulés* (mot caraïbe qui signifie assemblée de sauvages pour aller en guerre) qui ont éclaté en tant de circonstances et sous des formes diverses, mais dont le motif et le fond étaient toujours les mêmes.

De là vint, dès les premiers tems de la Colonie, l'emprisonnement et, par suite, la mort de madame Duparquet, gouvernante de l'île, parce qu'on trouva chez elle le livre du prince de Machiavel.

De là l'enlèvement du gouverneur et de l'intendant MM. de la Varenne et de Ricouart, en 1717, par M. Dubuc, colonel des Milices, que les insurgés proclamèrent général de la Colonie. Cette aventure et ce titre sont encore aujourd'hui dans la famille des Dubuc une espèce de fleuron de gloire, qui ne les humilie pas quoiqu'ils aient perdu leur noblesse en cette occasion; ils l'aiment et ils en caressent le souvenir avec complaisance; et dernièrement encore, un Dubuc, à Saint-Pierre, vient d'être fêté en dépit du gouvernement, et proclamé *le libérateur de la Colonie dans tous les tems.* Le déplacement des armes de France pour y substituer son chiffre, est une circonstance bien faite pour fixer l'attention; ce trait a été constaté par les autorités et le procès-verbal envoyé au Ministre de la marine.

De là les démêlés du chevalier de Rohan,
duc de Mont-Bazon avec le Conseil souverain
de Port-au-Prince : il prévint le complot des
membres qui voulaient l'enlever, il les enleva
lui-même le premier , et les déporta en
France.

Ce fut pour des motifs analogues, que l'in-
tègre et vertueux Turgot fut obligé de
quitter la Colonie de Cayenne.

Ce fut pour avoir voulu tout régler sur
les principes d'une sévère probité, que l'irré-
prochable Barbé-Marbois fut forcé d'aban-
donner Saint-Domingue.

C'était parce que le malheureux M. de
Blanchelande, gouverneur, voulut soutenir
avec fermeté ses principes de soumission et
de fidélité au Roi, qu'il finit par venir appor-
ter sa tête sur l'échafaud révolutionnaire.

Tandis que les gouverneurs ou les intendans plus adroits, plus souples, ou plus
faciles, qui ont su respecter la souveraineté
de *Messeigneurs des Gros-Mornes*, s'en sont
toujours bien trouvés, et sont revenus en
France libéralement comblés de leurs dons ;
ils n'ont pas manqué d'être portés aux nues
par les échos et les trompettes des renom-
mées de leurs magnifiques administrés.

Le Conseil-Souverain n'était donc dans le

principe qu'un Conseil supérieur ou Tribunal d'appel ordinaire ; les Conseillers actuels n'ont voulu être que cela sous les généraux Anglais, dont un leur proposa de les reconnaître Conseil souverain au nom de S. M. Louis XVIII ; mais ils le refusèrent, *et renièrent* ce titre parce qu'en effet il y avait quelque danger et que l'intérêt Colonial le défendait.

Mais dans aucun tems le Conseil souverain n'a joui des attributions qui constituent un Conseil de gouvernement.

Cependant la munificence de nos rois cédant à des motifs politiques, ou à des sollicitations importunes, s'est plu de l'enrichir de quelques privilèges (1) qui lui ont facile-

____

(1) Les privilèges accordés au Conseil souverain sont la noblesse héréditaire au bout de vingt ans d'exercice d'une charge de Conseiller, par le père et par le fils ; ce qui pourrait le faire considérer aujourd'hui comme une espèce de *Chambre des Pairs à la Martinique,* puisque d'après la Charte nous ne connaissons pas en France d'autre corps judiciaire ou politique qui confère la noblesse à aucun de ses membres après vingt ans d'exercice, que si la noblesse ancienne est conservée pour le titre, ses privilèges sont abolis. *Sunt certi denique fines quos ULTRA,* etc. *Item,* faut-il que les personnes et les choses soient en harmonie avec la Charte constitutionnelle, dans tout ce qui dépend du Gouvernement royal de France.

ment inspiré l'orgueil de se considérer comme l'autorité première, représentant la Colonie près de laquelle le gouverneur et l'intendant n'étaient réellemement à *des yeux Créoles*, que des envoyés salariés par eux et qu'ils prenaient en quelque sorte à leurs gages : on le voit dans les instructions ministérielles adressées à M. de Bouillé, qui lui recommandent de maintenir le Conseil souverain dans les limites de ses attributions; car déjà on avait eu des raisons de s'apercevoir qu'il en sortait souvent.

La politique d'un corps délibérant et qui ne meurt jamais, ayant sous le rapport de sa conservation des principes plus fixes et plus solides que ceux des chefs militaires qui ne font que passer, ou d'administrateurs éventuels et toujours amovibles, il ne lui est pas difficile d'exercer une influence sur l'un ou sur l'autre de ces délégués de la cour, telle qu'en subjuguant le premier, le second se trouve neutralisé ou tout-à-fait nul. Cet ascendant devait être bien plus fort si le hasard ou l'imprévoyance faisaient qu'un gouverneur ou qu'un intendant fût Créole de la Colonie même. Celui qui n'en était point n'avait pas même voix délibérative, s'il voulait être tranquille ; il se trouvait absorbé et sans force pour tout ce qu'il aurait voulu entreprendre. Que serait-il arrivé si l'intendant et le gouverneur avaient été tous deux Créoles ?

Admettons qu'on ait pu considérer ces trois autorités comme un triumvirat administratif ; leurs pouvoirs perdaient bientôt et cessaient de conserver le point juste de l'équilibre ; car du moment que deux de ces autorités étaient convenues de s'entendre pour tout et dans tous les cas, la troisième n'avait plus rien à faire qu'à garder un humiliant silence, ou un silence humilié.

Mais ce n'était jamais, et ce ne pouvait pas être le Conseil souverain qui savait toujours se faire le centre vers lequel le gouverneur ou l'intendant avaient la faiblesse de graviter, entrainés par une attraction plus ou moins forte ; d'où il arrivait que ce n'était jamais *la volonté pure du gouvernement royal* qui régissait la Colonie ; mais bien plutôt, et presque toujours, *la volonté créole.*

Je ne sais s'il est besoin de développer d'une manière plus claire et plus évidente, le jeu de cette petite machine *Politico-Coloniale ;* il semblerait que cette démonstration est plus que suffisante pour faire sentir la nécessité d'en briser à l'instant le ressort dangereux et *Métropolicide.*

Cependant s'il fallait pousser l'argument plus loin sur cet objet, que l'on voit peut-être trop petit et dont on ne sent pas assez l'importance, je dirais, pour la faire sentir d'une manière plus forte, que dans les circonstances critiques où se trouvent actuellement toutes les Colonies, il est urgent et nécessaire d'y comprimer et d'y étouffer tout esprit de fermentation et de discorde, d'y établir un centre unique *d'une volonté forte et éclairée* (un général d'épée et de plume.); le salut du pays doit être la suprême loi, et les dangers dont il est environné doivent le faire considérer, d'ici long tems, presque et en quelque sorte comme une ville en état de siége.

Quel inconvénient d'ailleurs trouvera-t-on de rappeler ces contrées à leur institution première, puisqu'il sera toujours vrai, par rapport à nous et a l'intérêt de l'état, que la Métropole n'est point faite pour les colonies, et que les colonies, au contraire, n'ont été créées et faites que par et pour le plus grand avantage de la Métropole. La grande fortune des Colons atteste d'ailleurs qu'ils n'ont jamais été les victimes de ce principe, qui ne leur fut jamais rigoureusement appliqué.

Or, puisque le Conseil supérieur de la Martinique n'était et n'a pas pu être, dès son principe, autre chose qu'une Cour d'appel, disons nettement qu'il ne soit plus *Conseil souverain* et qu'elle se nomme *Cour Royale.*

Sa Majesté ne l'a-t-elle pas prononcé d'avance par son ordonnance du 13 novembre 1816 relative à l'île de Bourbon, lorsqu'elle a été envoyée, par le Ministre de la Marine, pour en préparer l'application à la Martinique ?

Les peuples cultivateurs n'ont besoin que de vivre paisibles et à l'abri des révolutions, sous des lois aussi simples que sages ; il suffit donc de les leur donner et de les y soumettre par l'organe de magistrats, dont les vertus et les lumières soient éprouvées, et qui ne se trouvent jamais exposés à devenir juges dans leur propre cause.

La martinique est absolument dans ce cas : vierge des révolutions de France, ses respectables habitans qui n'étaient venus à Paris depuis 25 ans doivent apprécier le bonheur de n'en avoir presque point senti les contre-coups. Il est vrai que, pendant ce tems, ils ont joui *d'une espèce d'indépendance* ; mais ne doivent-ils pas craindre de se laisser séduire par ses amorces trompeuses ? il y aurait de l'ingratitude s'ils méconnaissaient que tout leur bien-être vient et ne peut venir que de la

Métropole. Avec quel regret les îles voisines qui appartenaient à la France ne gémissent-elles pas aujourd'hui de s'en voir séparées ! Que ces îles leur servent d'exemple, et qu'ils réfléchissent bien que l'incendie de Saint-Domingue a commencé par une étincelle sur laquelle ces infortunés habitans ont eu la témérité et l'imprudence de souffler ; qu'ils prennent garde de devenir les victimes d'un pareil embrasement.

La main paternelle du Roi, remédiera aux maux de sa fidelle Martinique, elle calmera les dissensions prêtes à naître, mais qui n'ont pas éclaté ; le bandeau est heureusement tombé, le prestige dissipé ; cependant le mal était devenu assez grand pour prouver que l'administrateur qu'ils ont caressé le plus n'était pas le meilleur, même pour eux, et se trouve maintenant bien au dessous de leurs éloges (1).

---

(1) L'opération du retrait des Mocos (ou quart de piastres), par la manière dont elle a été dirigée, n'expose-t-elle pas la Colonie à rembourser environ 3 millions de papier-monnaie, témérairement émis en circulation dans l'île, sans ordre précis du Roi et sans une hypothèque certaine et déterminée ?

De l'Imp. de J. L. SCHERFF, passage du Caire, n°. 54.